Julia Boehme studierte Literatur- und Musik-
wissenschaft und arbeitete danach als Redakteurin
beim Kinderfernsehen. Eines Tages fiel ihr ein, dass sie
als Kind unbedingt Schriftstellerin werden wollte. Wie
konnte sie das bloß vergessen? Auf der Stelle
beschloss sie, jetzt nur noch zu schreiben. Seitdem
denkt sie sich ein Kinderbuch nach dem anderen aus.

Erhard Dietl wurde 1953 in Regensburg geboren. Er
lebt in München und arbeitet als Grafiker, Illustrator
und Autor von Kinderbüchern. Für verschiedene
Verlage hat er mehr als 50 Bücher geschaffen, die in
zahlreiche Sprachen übersetzt und mit einigen Preisen
ausgezeichnet wurden.

Julia Boehme

Silbengeschichten zum Lesenlernen

Hundegeschichten

Illustriert von Erhard Dietl

Ihre Meinung zählt!

Nehmen Sie jetzt an einer kurzen Elternbefragung
des Loewe Verlags teil und beeinflussen Sie
die zukünftige Entwicklung unserer Kinderbücher:

www.elternbefragung.online

Für Anna und Jakob

ISBN 978-3-7432-1397-5
Überarbeitete Neuausgabe
2. Auflage 2023
© 2002, 2022 Loewe Verlag GmbH, Bühlstraße 4, D-95463 Bindlach
Umschlag- und Innenillustrationen: Erhard Dietl
Umschlaggestaltung: Jennifer Wunderwald
Printed in the EU

www.loewe-verlag.de

Inhalt

Benno und der Hühnerdieb

„Schon wieder hat der Fuchs
eins der Hühner gestohlen!"
Breitbeinig steht Bauer Huber
vor Bennos Hundehütte.
„Wenn das noch mal passiert",
brüllt er wütend,
„dann kannst du was erleben!"
Benno lässt die Ohren hängen.

Er wollte ja Wache halten,

aber dann ist er eingenickt ...

Schließlich hat er ja schon

die anderen Nächte durchwacht!

Benno döst bis zum Abend.

Der Bauer sieht mit der Bäuerin fern.

Dann gehen sie schlafen.

Auf dem Hof ist es ruhig.

Moment mal!

Benno spitzt die Ohren.

Raschelt da nicht was?

Das ist bestimmt der Fuchs!

Benno bellt, so laut er kann.

„Pssst, sei still!",

zischt es plötzlich neben ihm.

11

Es ist der Fuchs.

„Du weckst den Bauern auf."

„Genau das will ich auch",
kläfft Benno.

„Du elender Hühnerdieb!"

„Ich muss auch was essen!",
erklärt der Fuchs kleinlaut.

„Aber nicht die Hühner!",
knurrt Benno.

12

„Und was dann?",
fragt der Fuchs.
Benno überlegt.
„Du könntest was
von meinem Futter kriegen",
sagt er dann.
„Aber du musst mir dafür versprechen,
nie mehr ein Huhn zu klauen!"

Der Fuchs schnüffelt
an Bennos Futternapf:
„Mmh, riecht lecker!
Also gut, einverstanden."

Seitdem ist Bauer Huber
mit Benno sehr zufrieden.
Wie gut, dass er nicht weiß,
wer neuerdings
der beste Freund
von Benno ist!

Timmi, der Torjäger

Timmi wedelt mit dem Schwanz.

Fußball gefällt ihm.

Jan hat ihn heute mitgenommen.

Zu einem Freundschaftsspiel.

Aufmerksam sitzt Timmi

neben der Ersatzbank.

Um seinen Hals trägt er stolz

ein grünes Tuch.

Genauso froschgrün

wie das T-Shirt von Jan

und seinen zehn Freunden.

Da, jetzt hat Jan den Ball.

Aber nicht lange.

Ein Mädchen im roten T-Shirt

jagt ihm den Ball ab.

Timmi knurrt.

Dauernd haben die Roten

den Ball.

Das ist nicht fair!

Tor!

Schon wieder ein Tor für Rot!

Jan guckt ganz unglücklich.

Timmi muss eingreifen.

Schon pest er los.
In null Komma nichts
hat er den Ball
und rollt ihn zum Tor.

„Timmi",
schreit Jan.
„Nicht!!!"
Was hat er denn?
Timmi gehört doch zum Team!

18

Wozu hat er sonst

das grüne Halstuch um?

Timmi setzt zum Endspurt an.

Und – Tor!!!

Applaus für Timmi!

Stolz guckt er in die Runde.

Doch Jan und seine Freunde

machen lange Gesichter.

Komisch ...

Grob zerrt Jan ihn vom Feld.
„Timmi", schimpft er,
„das war das falsche Tor!"
Das falsche Tor???
Timmi rollt mit den Augen:
Das hätten sie ihm ja auch
vorher sagen können.
Also ehrlich!

Hundewetter

Opa steht am Fenster

und seufzt:

„Heute regnet es

junge Hunde!"

Milli kriegt große Ohren.

„Lass uns rausgehen, Opa!"

„Bei dem Wetter?",
ruft Opa erstaunt.
„Na, gerade",
lacht Milli.

Schon hat sie

ihre Regenjacke angezogen.

Und ihre Gummistiefel.

„Na, komm schon!"

Opa nimmt

den größten Regenschirm

und stapft Milli hinterher.

Es gießt in Strömen.

„Wo sind die denn alle?",

fragt Milli endlich.

„Wer denn?",

will Opa wissen.

„Die ganzen jungen Hunde!"

Opa muss schmunzeln:
„Ach, Milli,
das ist doch nur
so eine Redensart,
weiter nichts.
Wenn es ganz doll schüttet,
sagt man:
‚Es regnet junge Hunde!'"

Doch Milli hört
gar nicht zu.
Da fiept doch was!
Milli weiß gleich,
woher das Fiepen kommt.
Unter dem Busch sitzt
ein winselndes Hundebaby.
Pitschnass und ganz allein.

„Es hat ja wirklich
Hunde geregnet!",
ruft Milli glücklich.
Behutsam steckt sie
den Welpen
unter ihre warme Jacke.
„Beim nächsten Regen
gehen wir wieder spazieren.
Nicht wahr, Opi?!"

26

Auf dem Hundeplaneten

Auf der Hundewiese
ist mal wieder was los.
„Was gibt's Neues?",
bellt Knolle den anderen zu.

„Gestern",
erzählt Dagmar,
„habe ich durch Frauchens
Fernrohr geschaut.
Und da habe ich *ihn* gesehen!"

„Wen gesehen?",
fragt Knolle.
„Den Hundeplaneten",
kläfft Dagmar.
Die anderen Hunde staunen:
„Den Hundeplaneten,
gibt es den wirklich?"

„Klar doch",
weiß Dagmar.
„Und toll ist es dort:
jede Menge Bäume
zum Gassi gehen.
Und wisst ihr,
was an den Bäumen wächst?
Lauter leckere Knochen –
so viele man will!"

„Und die Hundeleinen
sind aus Gold",
brummt ein Dackel dazwischen.
Die Hunde bellen vor Lachen.

„Papperlapapp,
Leinen gibt es dort nicht!",
knurrt Dagmar beleidigt.
„Wozu auch?
Sind ja keine Menschen da!"

„Keine Menschen?",
fragt Knolle enttäuscht.
„Also ganz ohne Herrchen?"
Irgendwie gefällt das
Knolle nicht.
Und als er später auf
Herrchens Schoß liegt,
weiß er auch, wieso.

Erstens krault Herrchen
am allerbesten!
Und zweitens –
Knolle schleckt Herrchen
genüsslich über die Nase –
schmeckt er so gut!

Omas Liebling

„Runter vom Bett!",
ruft Oma barsch.
„Zorro schläft
doch immer bei uns!",
nölen Jo und Lasse.

„Aber nicht hier bei mir",
sagt Oma unerbittlich.
Die Ferien bei Oma
fangen ja gut an!

„Zorro kann uns beschützen!",
lenkt Lasse ein.
„Und wovor?",
fragt Oma.
„Vor Dieben und Einbrechern!",
antwortet Jo prompt.

„Die gibt es hier nicht",
kontert Oma.
Damit packt sie Zorro
und trägt ihn ins Wohnzimmer.

Dabei möchte Zorro doch viel lieber
bei seinen Freunden bleiben.
Lasse und Jo halten Kriegsrat
und haben eine prima Idee.
Oma hat es sich im Sessel
gemütlich gemacht.
Plötzlich springt Zorro auf
und bellt.

Oma wirbelt herum.

Da! Ein Einbrecher!

Mitten im Wohnzimmer.

Der ist zwar nicht groß.

Aber gefährlich sieht er aus

mit dem Strumpf überm Kopf.

Doch Zorro hat keine Angst.

36

Mutig springt er
dem Dieb entgegen.
„Hilfe",
ruft der Dieb.
Jetzt hat auch Oma Mut.
Mit Schwung wirft sie
einen Pantoffel nach ihm.
Getroffen!

So schnell er kann,

macht sich der Dieb aus dem Staub.

Oma ist ganz bleich

vor Schreck.

„Was für ein braver Hund!

Wenn du nicht gewesen wärst!"

Oma bringt Zorro

zurück ins Kinderzimmer.

Nun darf er doch
bei seinen Freunden schlafen.
Auf dem Bett sogar.

Kaum ist Oma verschwunden,
kichert Lasse:
„Das hat ja super geklappt!"
Dann reibt er seine Beule.
Die vom Pantoffel nämlich.

Liebe geht durch den Magen

„Maxi",

ruft Frau Müller.

Der große Bernhardiner

schielt um die Ecke.

Was hat Frauchen

denn da auf dem Arm?

„Darf ich vorstellen?

Das ist Mini,

unser neues Familienmitglied!"

Frau Müller setzt das Hündchen

vor Maxi auf die Erde.

„Seid nett zueinander!",

mahnt sie.

Maxi tut freundlich.

Doch kaum ist Frauchen weg,
knurrt er:
„Was bist du denn
für eine Ratte?"

„Ich bin keine Ratte!",
kläfft Mini empört zurück.
„Sondern ein Hund wie du!"
„Dass ich nicht lache!"

Maxi fletscht die Zähne.

„Geh mir aus den Augen!"

Mini flüchtet in die Küche.

„Weg da!",

bellt Maxi ärgerlich,

als Mini

an seinen Fressnapf geht.

„Ist eh leer!"

Mini schaut sich um.

„Wo ist denn der Nachschub?"

Maxi zeigt mit dem Kopf

zum Küchenbord.

Dort steht das Hundefutter.

Eine ganze Packung voll!

„Vergiss es!",

kläfft Maxi.

„Da komm selbst ich

nicht dran!"

„Alleine nicht,

aber zusammen mit mir!",

schlägt Mini vor.

„Wau",

staunt Maxi.

Mini beginnt ihm zu gefallen.

Gemeinsam springen sie
auf den Küchenstuhl.
Mini klettert
über Maxis Rücken aufs Bord.
Vorsichtig balanciert sie
bis zur Futterpackung.

Ein Stups mit der Schnauze:
Schwups!
Schon liegt das Futter unten.

Und bei ihrem Festmahl
besiegeln die zwei
ihre neue Freundschaft.
Auch Hundeliebe
geht eben durch den Magen!

Schulhund „Strubbel"

„Viel Spaß in der Schule",

sagt Mama zum Abschied.

Viel Spaß?!

Mama ist gut.

Clara muss heute zum ersten Mal

in eine ganz neue Schule.

Weil sie umgezogen sind.

Deshalb.

„Das wird bestimmt schrecklich",
denkt Clara.
„Alle Kinder kennen sich,
nur ich bin neu.
Wenn ich wenigstens nicht
allein da hingehen müsste."
Clara setzt den Ranzen auf
und stiefelt los.

Ihr Dackel Strubbel
läuft ihr einfach hinterher.
„Strubbel",
ruft Clara.
Und Strubbel bellt dreimal,
wie immer.
Plötzlich hat Clara eine Idee.

„Hast du Lust,

mit mir zur Schule zu gehen?",

fragt Clara.

Klar hat Strubbel Lust.

Schwanzwedelnd

läuft er neben ihr her.

Auf dem Schulhof

gucken alle.

Und als Clara mit Strubbel

in ihre neue Klasse kommt,

sind alle Kinder begeistert.

Clara ist so froh,

dass sie Strubbel mitgenommen hat.

Nur der Lehrer

freut sich nicht.

„Der Hund kann nicht bleiben",

sagt er streng.

„Und wieso nicht?",

fragt Clara.

Der Lehrer überlegt.

„Weil ein Hund

nicht rechnen kann",

sagt er lachend.

„Strubbel", fragt Clara,

„was ist sieben minus vier?"

Strubbel bellt dreimal.

Die Kinder klatschen.

„Das ist ja erstaunlich",

murmelt der Lehrer.

„Das hier ist übrigens Clara",
sagt er dann.
„Die Neue in eurer Klasse."
„Und das hier ist Strubbel,
der Neue in unserer Klasse!",
grinst Clara.

Der Hundepiraten-Schatz

Käpten Sebaldus
ist ein waschechter Seehund.
Schon seit Jahren segelt er
mit seinen Piraten übers Meer.
Gerade steht er an der Reling
und schaut durchs Fernrohr.

„Haaaaalt!",
brüllt er plötzlich.
„Flaschenpost voraus!"

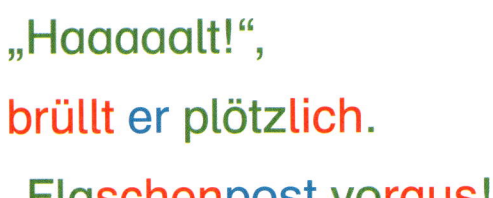

Zielsicher wirft Sebaldus
das Postnetz aus
und angelt die Flasche.
Dann zieht er neugierig
den Brief heraus.

„Heiliges Kanonenrohr!",
ruft er erstaunt.
„Das ist ja eine Schatzkarte!"
Die Piraten sind außer sich:
„Gehen wir jetzt
auf Schatzsuche, Käpten?"

„Klar!",
lacht Käpten Sebaldus.
Sofort nehmen sie Kurs
auf die Schatzinsel.

Und dann ist es so weit:

„Land voraus!",

schreit Sebaldus.

Ein paar Stunden später

sind alle auf der Insel.

Gespannt folgen sie der Karte:

99 Schritte geradeaus.

Bei der großen Palme

13 Schritte nach Osten.

Jetzt müssen sie nur noch

zehn Pfoten tief graben.

Die Piratenhunde buddeln
wie verrückt.
„Hier ist was!",
ruft der dicke Eddi plötzlich.
Da ist tatsächlich eine Truhe.
Der Käpten darf sie
höchstpersönlich öffnen.
„Was ist drin?",
rufen die Piraten ungeduldig.
„Gold?"

„Das nicht gerade …"

Sebaldus strahlt

über beide Schlappohren.

Lauter Knochen sind drin!

Groß und lecker.

„Hurra",

rufen die Piraten.

Denn Knochen schmecken

viel besser als Gold!

Mit bunten Silben lesen lernen

Viele spannende und schöne Geschichten zu beliebten Themen erleichtern Ihrem Kind den Start in die Welt der Buchstaben. Die große, gut lesbare und bunte Schulbuchschrift macht Spaß und führt rasch zum ersten Leseerfolg!

In diesem Band sind alle Wörter in farbig markierte Buchstaben-gruppen, die Sprechsilben, unterteilt. So sind sie für Erstleser*innen einfacher und schneller zu erfassen. Schon Vorschulkinder teilen ein Wort beim Sprechen intuitiv in Silben auf. Durch die farbigen Markierungen der Silben ist es für Kinder viel leichter, die richtige Einteilung auch in geschriebenen Wörtern zu erkennen und den Sinn der Wörter zu begreifen. Auf diese Weise lernen sie schnell, flüssig und fehlerfrei zu lesen.

Zahlreiche bunte Bilder sorgen zusätzlich für Abwechslung und ermöglichen kleine Pausen. Die klare Zuordnung der Bilder zum Geschehen in den Geschichten unterstützt das Textverständnis. So kommen auch weniger geübte Leser*innen schnell zu einem Erfolgserlebnis und Lesen wird zum Kinderspiel!